JN420876

조의현 문학 전집

편자
이동순 李東順, Lee Dong-Soon
조선대학교 자유전공학부 교수. 가사문학의 산실인 전남 담양군 남면에서 태어나고 자랐으며, 전남대학교에서 「조태일 시 연구」로 박사학위를 받았다. 저서로 『움직이는 시와 상상력』, 『광주 전남의 숨은 작가들』, 『광주문학 100년』, 『광주의 시인들』 등이 있으며, 편저로 『조태일 전집』, 『박흡 문학 전집』, 『목일신 전집』, 『목일신 동요곡집』, 『정태병 전집』, 『땅의 노래—조태일의 시세계』, 『조종현 전집』 등이 있다.

조의현 문학 전집

초판 인쇄 2018년 1월 20일 **초판 발행** 2018년 1월 30일
기획 영광문학기념사업회 **지은이** 조의현 **엮은이** 이동순 **펴낸이** 박성모 **펴낸곳** 소명출판
출판등록 제13-522호 **주소** 서울시 서초구 서초중앙로6길 15, 1층
전화 02-585-7840 **팩스** 02-585-7848
전자우편 somyungbooks@daum.net **홈페이지** www.somyong.co.kr

ISBN 979-11-5905-269-9 04810
ISBN 979-11-5905-266-8 (세트)

값 15,000원
ⓒ 영광문학기념사업회, 2018

잘못된 책은 바꾸어드립니다.
이 책은 저작권법의 보호를 받는 저작물이므로 무단전재와 복제를 금하며, 이 책의 전부 또는 일부를 이용하려면 반드시 사전에 소명출판의 동의를 받아야 합니다.

함께 가꾸는 아름다운 세상 이 책은 지역문화진흥을 위하여 한수원(주) 한빛원자력본부에서 지원하였습니다.

24세 청년기의 조의현(1932)

조의현 부부(1932.10.5)

立敎대학 영문과 졸업 송별 기념(1934.2.9)

영광여중 교장 시절(1946)(왼쪽부터 이을호, 조의현, 정종)

초정 조의현 근영(1983.2)

『정주연학회보』(1945)

시가전(1973)

유고시집 발간 기념식

영광중고교지 『옥당』

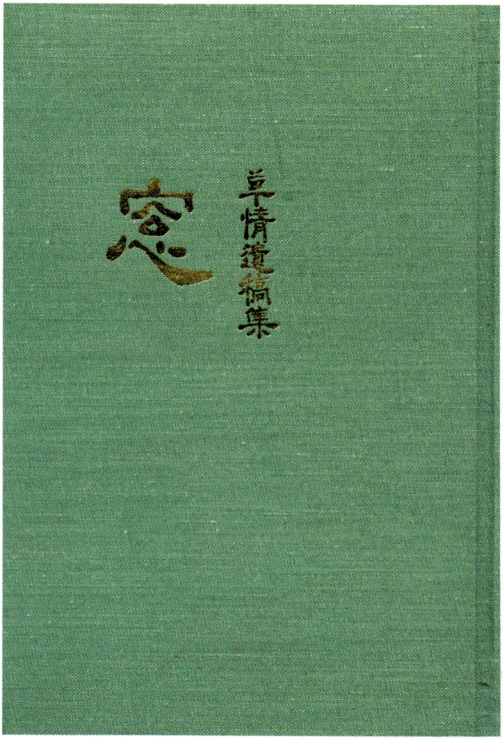

유고집 『창』

눈

庵玄

눈
平和의 使者
날리는 눈이
깨여진 유리窓 밖에
나린다
바람
自由의勇士
휘젓는 바람이
가마귀 떼 날르는 하
날을 휩쓴다

눈
바람
平和를 싣고 오는 눈이여
自由를 때리고 부는 바람이여

沈鬱한 虛空에
가마귀 떼만이
찬바람 부는 叢林의 가지가지 사이로
이리 몰리고 저리 휘갈리는
이 나라의 겨울이여
봄을 기다리는 이나라의 첫눈이여
(一九四五·一二·一七)

우리나라하늘

草情

아아 우리 나라 하늘이여
地中海의 그것보담 아름다운
우리 나라 하늘이여
까치 날고 수수 모개 두거운
우리 나라 가을 하늘이여

滿洲에서 北滿에서 西蜀에서
世界의 방방 곡곡에서
피 투성이 된 이나라의
先驅者 들을 자애로 마지한
아름다운 하늘이여

한번이 갠 별아리면
모두 다 희롱하려는
양팔의 부푸름 나래처럼
둥그스레 다스한 하늘이여
우리 나라 갠 가을 하늘이여

~~먹고먹고 또 먹고~~
~~푸르고 푸르고 또 푸르러~~
~~아아 깨끗 하여라~~

아아 이 하늘 아래
전투가 없도다 시기가 없도다
우리 동포 모조리 모아
이 아름다운 하늘 아래
병아리 처럼
서로 의지하고 사라지이다
(一九四五, 十二月九日)

겨울달

남경

눈각만 바람이 불어
찬각다 은도솜 하고
겨울달은 훌연씨달
아무도 보는어 없데

밤중만 바람이 불어
오는이 가는이 없고
겨울달은 훌연씨달
훌연씨 나와서 보네

여름날 꽃이 프운듯
야물게 밝기도 하여
겨울달은 훌연씨달
녹여줄 낭군 이 없나

(셋달 열엿세 밤)

『정주연학회』 1권2호의 내용

조의현의 첫 작품 「만류」
(『동아일보』, 1926.2.12)

하로길이남는줄을
내모름이안이지만
(評曰) 詩調의變體다 漢詩的詩
調的構想法이라 고할가(春園)

「소요」
(『동아일보』, 1929.11.30)

小謠

曺宜鉉

가시는 길로
역구풀 잡어
매처 놧지

돌뿌리에
거러키신 줄로
돌아도 안보고
가셧지

그풀
누가 풀어놋나
그맘
누가 풀어놋나

「바다가에서」
(『동아일보』, 1930.11.26)

바다가에서

曺宜鉉

바다ㅅ가 白沙場에 夕陽이
붉어서
흰모래 알알이 녯얘기 구
절
어젠듯 記憶은 새롭아도
녯날은머러
沙場으로 뒤고간 스러진
발자욱
西쪽한울 닿은곧 水平線
저쪽
그리우니 살듯도 오래살곧
있슬듯도

東亞文壇
◇學藝部選考◇

山村夜話

曺宜鉉

——또한山을 넘어 어듸만
큼가니……
할머니 이야기듯든 어린손
자
그대로 무릅우에 낫켜잠이
들고
窓에빗친 신삼는 손그림자
도 사라진
흔듯하되도 이슥한 야밤빈
네라。
시약시 눈초리 가느러지며
물네박휘 게울리 돌아가오니
동잔물이 피시시 졸아들면서
뒤ㅅ동산에 으스름 달이내
리고
부푸른 부헝이놈 혼자깨어서
이가지로 부ㅡ헝 저가지로
부ㅡ헝。
이옷집 삽사리
느닷업시 컹컹그리니
먼山만 쒀르렁 울니고마네
山村의 야밤은 녯이야기굴
가다
이러케 조용조용 속삭이면
서
어대 로지 자바자박 거려
가넹。

「산촌야화」(『동아일보』, 1930.11.27)

春日斷章

曺宜鉉

커어기 저 아지랑이 서인
山밑에도
조그만한 처잇어 한채상
이뚜엇나베
풀피리소리 호로 호로 호
로로ㅡ
내ㅅ지내고 들건너 바람결
에들려오네
(京都鴨川岸에서)

「춘일단장」(『동아일보』, 1931.6.7)

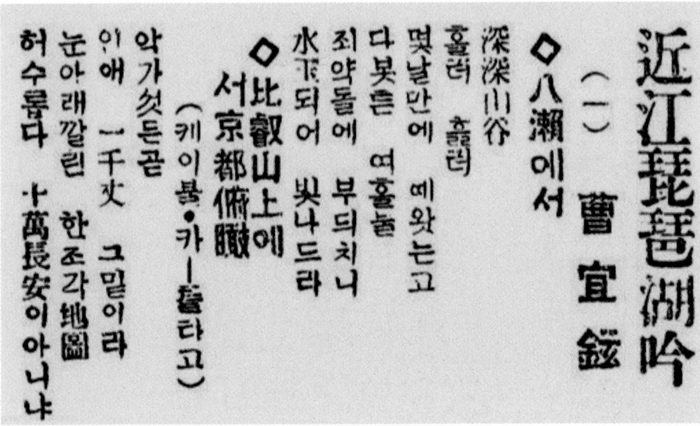

近江琵琶湖吟
(一) 曺宣鉉

◇八瀨에서
深深山谷 흘려 흘려
몃날만에 떼왓는고
다못흔 떠흘놈
죄약돌에 부듸치니
水下되어 빗나드라

◇比叡山上에
서京都俯瞰
(케이블·카─를타고)
악가섯든곧
이애 一千丈 그밑이라
눈아래깔린 한조각地圖
허수룸다 十萬長安이아니냐

「근강비파호음」(『동아일보』, 1931.8.15)

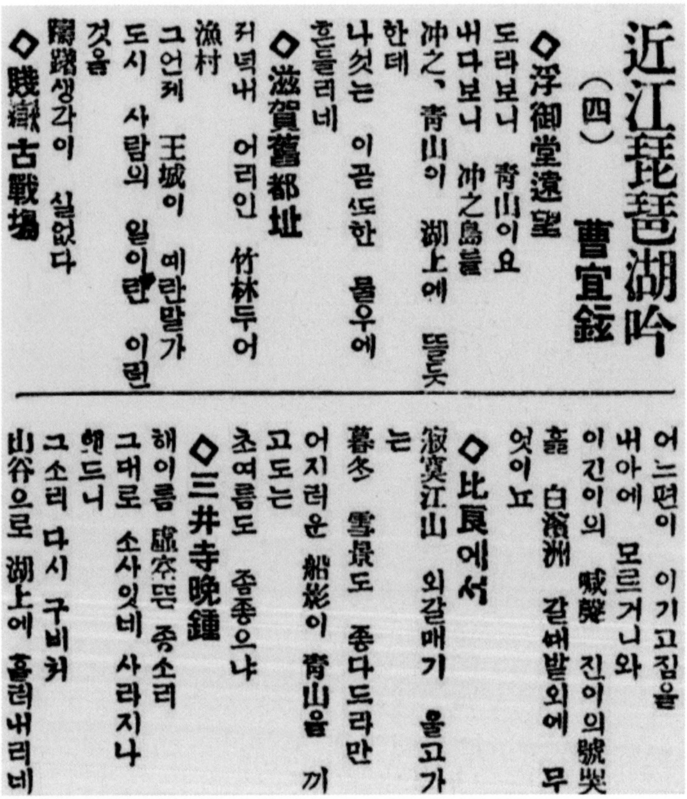

近江琵琶湖吟
(四) 曺宣鉉

◇浮御堂遠望
도라보니 靑山이요
내다보니 冲之島를
冲之、靑山이 湖上에 뜰듯
한데
나섯는 이곧또한 물우에
흔들리네

◇滋賀舊都址
저넉내 어리인 竹林두어
漁村
그언제 王城이 예란말가
도시 사람의 일이란 이런
것을
關路생각이 실없다

◇賤嶽古戰場
어느편이 이기고짐을
내아에 모르거니와
이긴이의 喊聲 진이의號哭
흘 白濱洲 갈대밭외에 무
엇이뇨

◇比良에서
寂寞江山 외갈매기 울고가
는
暮冬 雪景도 좋다드라만
어지러운 船影이 靑山을 끼
고도는
초여름도 좋종으냐

◇三井寺晩鐘
해이름 盛衰뜬 종소리
그대로 소사잇네 사라지나
햇드니
그소리 다시 구비쳐
山谷으로 湖上에 흘려내리네

「근강비파호음」(『동아일보』, 1931.8.19)

영광문학총서 03

이동순 엮음

조의현 문학전집

THE COMPLETE WORKS OF CHO, EUI-HYEON

소명출판

『조의현 문학 전집』을 발간하며

조의현은 거의 알려져 있지 않은 시인이다. 일제강점기 전남 영광에서 태어나 중앙고보를 마치고 일본에 유학하였고, 잠시 민립영광고등중학교에서 교장으로 재직한 것이 그의 이력이 전부다. 조의현은 1926년 2월 12일 『동아일보』에 작품 「만류」를 시작으로 1932년까지 『조선일보』와 『중외일보』와 『동광』에도 작품을 발표했고, 첫 작품에는 이광수의 작품에 대한 평도 붙어있다. 그렇지만 생전에 작품집을 낸 적이 없었다. 그것을 안타깝게 여긴 영광향토문화연구회에서 유고집으로 『창』(1997)을 냄으로써 작품이 한 자리에 모아졌다. 그럼에도 언제 어디에 작품을 발표했는지는 알 수 없는 문제가 있었다. 그래서 다시 작품집을 낼 필요성이 제기되었고 상당부분 오류를 바로 잡을 수 있었다.

『조의현 문학 전집』은 제1부 시조와 제2부 산문으로 구성되어 있다. 제1부 시조에는 46편의 작품이, 산문에는 6편의 작품이 있으며, 부록에는 조의현의 작품 연보와 생애 연보, 그리고 전집 해설을 붙였다. 이 전집의 작품은 발표지면이 확인 된 것은 원문을 정본으로 삼았으며, 발표지면이 확인되지 않은 작품은 『창』에 실린 작품을 정본으로 삼았다. 산문 또한 이 원칙을 따랐다.

『조의현 문학 전집』은 영광문학에 대한 자부심과 애성을 갖고 있는 영광문학기념사업회에서 편자에게 요청하여 이루어지게 되었다. 이 과정에는 사진 자료 등을 제공해준 조의현의 아드님인 조마해의 도움과 소명출판 식구들의 꼼꼼한 노고가 있었다. 모두에게 감사드린다. 그리고 이 땅의 모든 선배 시인들께 고개 숙여 경의를 표한다.

새날을 기대하며

엮은이 이동순

차례

1. 시조

2. 산문

1

시조

挽留

『동아일보』, 1926.2.12

기왕부어논술이니
한盞만더잡으시오
예서南浦가
百里요또六十里
하로길이남는줄을
내모름이안이지만

(評曰) 時調의機體다漢詩的時調的構想法이라고할가(春園)

田園의 봄

『동아일보』, 1926.6.8

터전의장다리꼿에는
나비의춤이느리고
울타리밋헤짱을파고
옹송그리고안젓는
암탉의품자리에는
병아리의숢이깃튼데
목청을길게쌔여우는
장닭의소리에
낫겨운봄날은길더라

迎春驅歌

『조선일보』, 1928.2.7

이 어두운 선달 그믐날 밤에
손수 밤길을 걸으사
地軸을 울리며
뚜벅 뚜벅 오신다.

그 억세인 鐵脚으로
어격되격 大地를 뒤로차고
그 억세인 鐵腕으로
大초롱을 높이들고
앞으로 앞으로
戊辰의 새해(新年)님이
뚜벅 뚜벅 오신다.

뛰는 가슴 불붙은 마음을
손으로 억제하며
발을 문턱 밖으로 내놓았다!
늘여 놓았다!
初更부터 三更까지 기다립네

어서 어서 오십사
어서 어서 오십사.
첫닭이 울었네
첫닭이 울었네.
東天이 밝아온다
東天이 밝아온다.

燭光이 雪光처럼 亂射하네
내 누이 兄弟들 밝히시랴

저처럼 바쁘신가
저처럼 억세신가
누이야 兄弟야 나와서 맞으라.
우리가 기다리는
世界를 밝히랴는
불빛이 온단다.

觸感錄

『중외일보』, 1928.5.24

주먹쥐고 부르르떨며 힘을써보니
네귀에 기둥이 사개가 버려지는 듯

冊床우의 녹스른 目覺鍾이
절크덕 절크덕 절크덕
時間을 指示한다
歷史的 時間을 指示한다

온人類는 폼페이에 埋葬된
사람처럼 化石이되엿다
寂寞이 온宇宙에 샃샃히 담뿍찼음이어

건넬가 건넬가 머뭇거리다
에라 훌쩍건네니
깜앗티 높이래 二萬里의地下線

法聖浦 風物詩

『동아일보』, 1929.11.9

◇ 仙津으로돌아가는배

오느냐 가느냐

오감을 모를네라만

섬보듬고 사라질제

가는배－ㄴ가하여라

◇ 後山에붉은丹楓

서리 서리 나릴스록

죽자코 붉은네맘

우리님께 들이과저

두어가지 꺽쯤즉도하다만

◇ 鼎島로날아드는기럭이

映湖畔 가을소식 傳하온지오래거든

무삼소식 물고왓나 어찌이리더듸옵네

기럭이두어를 點點히 썰어지니

---

* 필명 宜夏亭守로 발표되었음.

봄바람에불려간 임의속식애닯어

◇ **侍郞村저녁에**

낫겨운봄날 아스라진 개짓거늘
그속에 桃花園 잇슴즉도하다만
내씨인버들만 푸르럿다
漁村두어집이 그림가튼데

◇ **馬村惟志의 놀애가락**

압놈이먹이면뒷놈이부르고
뒷놈이쓰칠나압놈이되바더
흥담북드러움즉이는다리ㅅ장단
어지러운벅구소리漁村이요란하다

◇ **七山에고기잡이는**

바다건너 나라ㅅ사람
란리몰고 드러오나
봄바람一千里바다우에
傳說가튼저불이웬불

(故鄕에 잇는 두벗 W이 S에게)

斷腸映湖畔

『동아일보』, 1929.11.17

일부러 울자는 사람이
그어대 잇스리만
울줄 번연히 알면서도
내또홀로 映湖畔에나왓네

○

「故鄕도 姓名도 모르는손(客)을
하로밤 한베개에엿번식번갈아대도
맘이야어대그러나요」
이 湖畔에서 二九의 曲折만흔
風雲을이야기하든
그는 지금어대로흘러갓나.

○

「…살며는
몃百年이나 사드란말이냐…」
청상마진 아이놈의 목소리
날울리며 馬村으로 돌아가네

(東亞文壇, 學藝部 考選)

續法聖浦 風物詩 (1)

『동아일보』, 1929.11.19

◇ **玉女峰에뜬아츰구름**

玉女峰 안윽한 품안이란
나그네구름하로ㅅ밤의잠자리
이제 방금 어대로 가시렵나
부대 가기는가되 玉女峯잇지말게

◇ **西山에지는해**

넘어가면 고히 넘어가지
왜저리 부글대며 허위적이며
생피까지 바다우에 뿜어뿌린단말가
아니, 무릇무엇이든 마즈막때란저럴테지

續法聖浦 風物詩 (2)

『동아일보』, 1929.11.20

◇ **九岫山개인안개**

俗世에 무첫단들

한世上을 곳장고대로 지낼나고

일테면 안개끼엇달망정

개인후란 굴수山만 둥두려시 소사남네

◇ **隱仙庵저녁종소리**

法告의讀經이 浮世를등지고

桃花子두어숭이 澗水우로써내린다

뎅뎅울리는 쇠북소리

半空에 소스랏다 — 山峽에 잠겻다 —

◇ **應岩고기잡이피릿소리**

원망하듯 사모하는듯 훌적이든듯 하소하는듯

彷佛하기를

往年의蘇子瞻듯든손(客)의洞簫소리라

내달밝고별듬은 赤壁江왓단말가

◇ **東嶺에 가을달**

秋八月한가위라

東嶺으로써올르는그얼굴

女王마진王子처럼

빙그시우서두잇네

(아울러故鄕에 잇는 두벗 W와 S에게)

슬픈印

『동아일보』, 1929.11.28

우리둘이지내든모래ㅅ벌에발자욱은
단한번밀려오는물결에도 스러지드라만
불에다라 박은듯 칼로예고박는듯
그대사라오며 이가슴에씩어노흔印은
나라망하든그날 帝王의 玉璽보다도
슬픈印이 되엇단다

쏘들리는 世上살이에 그대일억풋이낫자
스러질듯그빗이희미하여지다가도
無心히 자라나는 江풀을보다가
모르는결에 이가슴 아프기시작하며
쏘렷하게 쏘다시나타난단다
슬픈印이되어서 나타난단다

(『東亞文壇』, 學藝部 考選)

小搖

『동아일보』, 1929.11.30

가시는 길로
역구풀 잡어
매저 놧지

돌쑤리에
거러키신 줄로
돌아도 안보고
가섯지

그풀
누가 풀어놋나
그맘
누가 풀어놋나

(『東亞文壇』, 學藝部 考選)

民謠하나

『동아일보』, 1930.2.1

여흘물이 흐르면서
언덕풀 부여잡고
촬촬촬 밤새도록
울기는 해도

가든물 흐른물
되온다든 말잇든가

울다가도 갈줄은
나도 알앗소
가다가 안올줄이야
더더구나 알앗소

가든물 흐른물
되온다든 말잇든가

바다가에서

『동아일보, 1930.11.26

바다ㅅ가 白沙場에 夕陽이 붉어서
흰모래 알알이 녯애기 구절

어젠듯 記憶은 새롭아도 녯날은머러
沙場으로 뒷고간 스러진 발자욱

西쪽한울 닿은곧 水平線저쪽
그리우니 살듯도 오래살곧 있슬듯도

(『東亞文壇』, 學藝部 考選)

山村夜話

『동아일보』, 1930.11.27

——또한山을 넘어 어듸만큼가니……
할머니 이야기듯든 어린손자
그대로 무릅우에 냇처잠이들고
窓에빗췬 신삼는 손그림자도 사라진
흔듯하고도 이슥한 야밤일네라.

시약시 눈초리 가느러지며
물네박휘 게을리 돌아가오니
등잔불이 피시시 졸아들면서
뒤ㅅ동산에 으스름 달이내리고
부푸른 부헝이놈 혼자깨어서
이가지로 부—헝 저가로 부—헝.

이웃집 삽사리
느닷업시 컹컹그리니
먼山만 써르렁 울니고마네
山村의 야밤은 녯이야기굴가타
이러케 조용조용 속삭이면서
어대 론지 자박자박 거러가네.

杜鵑새울은자최

『동아일보』, 1930.11.30

扶蘇山兵倉터에서

들끌는 喊聲질러
불지르며 모라들제
그날밤 서울안이
울음속에 재되았늬
타진쌀 알알이들고
녯일빗처 보나라.

慶州博物館에서

얼마나 잘사시면
이렇다시 빛나신고
아로삭인 님의솜씨
무엇하나 허술할나
깨어진 기와한조가도
신런본다 낫헤라.

偶作

『동아일보』, 1931.1.22

헝크러진 실은
풀다가 못풀면
내버리면 고만이지

가슴속—
헝크러진 근심의 실낫
내버리도 못하네

春日斷章

『동아일보』, 1931.6.7

저어기 저 아지랑이 씨인 山밑에도
조그만한 村잇어 한세상 이루엇나베
풀피리소리 호로호로 호로로—
내ㅅ지내고 들건너 바람결에들려오네

(京都鴨川岸에서)

回想 五月歌

『조선일보』, 1931.8.10

달빛 무르녹은
五月의 뒷동산에
뻐꾹새 울 제엔

그대 나
죽석방에 마주 앉아

도란 도란
옛애기의 꽃이 피드니라.

近江琵琶湖吟 (1)

『동아일보』, 1931.8.15

◇ **八瀨에서**

深深山谷
흘러 흘러
몇날만에 예왓는고
다붓튼 이흘물
죄약돌에 부듸치니
水玉되어 빛나드라

◇ **比叡山上에서 京都俯瞰**

(케이블・카―를 타고)

악가섯든곧
인애 一千丈 그밑이라
눈아래깔린 한조각 地圖
허수릅다 ㅣ萬長安이 아니냐

近江琵琶湖吟 (2)

『동아일보』, 1931.8.16

◇ **湖畔에서**

山푸르고 물푸르니
江山이 한빛인데
물빛 다한곧에
하늘마저 푸르러
水天도 모를네라

◇ **一葉舟에 몸을 실고**

쪼들리는 세상사리
저들에게 다맥기고
이몸 흘러 흐르려니
사공아
노는 저어 무엇하리
우리 매란
바람 하는대로 식여두자

◇ **石山寺觀月亭**

밤배저어 예왓든들

古人의 읊든달을

나도 정녕 보련만

모처럼 오른 이亭子에

달못보고 나는가네

近江琵琶湖吟 (3)

『동아일보』, 1931.8.18

◇ **瀨田의 唐僑**

이다리에 잠간기대
허트러진 旅情이나 수습하렷드니
저믈러 도라오는 구슯은배ㅅ노래에
애처러운 물새 울어 울어
나그네마음 도리여 스산하다

近江琵琶湖吟 (4)

『동아일보』, 1931.8.19

◇ **浮御堂遠望**

도라보니 靑山이요

내다보니 冲之島를

冲之, 靑山이 湖上에 뜰듯한데

나섯는 이곧쏘한 물우에 흔늘리네

◇ **滋賀舊都址**

저녁내 어리인 竹林두어 漁村

그언제 王城이 예란말가

도시 사람의 일이란 이런 것을

躊躇생각이 실없다

◇ **賤獄古戰場**

어느편이 이기고진을

내아에 모르거니와

이긴이의 喊聲 진이의 號哭

흘 白蘋洲 갈때밭외에 무엇이뇨

◇ **比良에서**

寂寞江山 외갈매기 울고가는
墓冬 雪景도 좋다드라만
어지러운 船影이 靑山을 끼고도는
초여름도 좀좋으냐

◇ **三井寺晩鐘**

해이름 虛空뜬 종소리
그대로 소사잇네 사라지나 햇드니
그소리 다시 구비처
山谷으로 湖上에 흘러내리네

七月에 가을생각

『東光』 34호, 1932.6.

거리에는 麥藁帽 화일슈－스가
때맞혀 한창이고
氷水店엔 손님이
끊이지 않게 드나들건만…

내키는 내 맘이니
낸들 무어라리요만

하늘을 보아요?
훨신 높지 않은가
그리자
노랗게 모과(木果)처럼 익은
포플라 잎 하나이
내버리듯이 떨어지는구려!

昨年 가을－
奬忠壇에서 마른 나무잎이
바스락 부스럭 구르는 소리가

귀에 익숙이도 들려오며
마치 한 三十里밖에서
가을이 올까 올까
주츰거리는 것 같어라.

(舊作)

우리나라하늘

『정주연학회보』 1권 2호, 1945.12.15

아아 우리 나라 하늘이여
地中海의 그것보담 아름다운
우리 나라 하늘이여
까치 날고 수수 모개 무거운
우리 나라 가을 하늘이여

監獄에서 北滿에서 西獨에서
世界의 방방 곡곡에서
피 투성이된 이나라의
先驅者들을 자애로 마지한
아름다운 하늘이여

인역이 깬 병아리면
모두 다 包容하려는
암탉의 부푸른 나래처럼
둥그스레 다스한 하늘이여
우리 나라 갠 가을 하늘이여

멀고 멀고 또 멀고
푸르고 푸르고 또 푸루러
아아 깨끗하여라

아아 이 하늘 아래
질투가 없도다 시기가 없도다
우리동포 모조리 모아
이 아름다운 하늘 아래
병아리 처럼
서로 의지하고 사라지이다

(一九四五, 十二月九日)

秘苑悲愁

『窓』, 1997.

五百 歲月이 어지러이 지고 새고
蓮塘이 흐리터분, 물도 愁心인가
버드린 구름도 가지않고 예서 머뭇거린다.

나라 없을 때는 임으로 여겼더니라
흘러간 李朝야 어떻든 南이요 北이라니
잎지는 古宮 뜰악에 새 설움이 또 하나.

不孝之章

『窓』, 1997.

一章

일흔넷 병드신 어머니
가난으로 모시고 살며

누덕장판 三冬지내시니
슬픈 자식이옵네다.

五里 밖 藥지러 가는데
함박눈은 퍼붓더라.

二章

노상 모시어도
노상 그리울 텐데

흰털 주름 주름이
날로 더욱 하시다니

어머니 가시는 날엔
나는 나는 어쩐당가?

別離

『窓』, 1997.

보내랴 보내는가 가고지워 가는걸까
보내기만 하기에는 이렇듯이 서러운데
가시는 님 오죽 하시리 내가 참고 말리라.

가실 임시 되였는데 할 말이나 없으시요
千萬語 머금은 채 담은 입은 말이 없어
그 대신 눈물 흘린 눈자위 말하는 듯 하여라.

千萬語 다 묵어내도 가셔야만 할 길이라
가는 사정 다 짐작코 보내기로 하였건만
급기야 떨치고 나서니 눈물 다시 솟드라.

仙雲寺 晩春

『窓』, 1997.

절은 늙어서 아득한 歲月일레라
塔도 늙어서 아득한 歲月일레라
大雄殿 도리기둥을 어루만지며 만지며

예서도 봄은 가는가 가는 것은 서러워라
넘어가는 저녁 볕에 塔影은 돌고 돌고
뒷뜰에 紅春은 사뭇 져야만이 하는가.

紅葉

『窓』, 1997.

어쩐지 두선 두선
소용돌이 설레는 마음

골짜기 소리쳐서
시끄런게 아니드라

잎잎이 타고 노을이 불붙어
야단일 수 밖에는….

○

무릇 마지막 때란
핏빛만이 至純하고나

서리 서리 내릴수록
죽쟎고 붉는 마음

그 님께 드리고저 두어 가지

꺾음직도 하다만….

流星

『窓』, 1997.

떨어지는 별을 잡고
눈이 팔려 내리다가

그만! 山에 가리워
가든 길을 잃었어라.

그 다음 흘러간 線은
마음속에 그리라(書).

별을 노래함

『窓』, 1997.

나즉한 서녘들을
한나절 보라들 제

서로 주고 받는
情이나 있는 듯이

유달리 明滅하는 별하나
나를 向해 쏘누나.

軟綠抒情

『窓』, 1997.

물은 하늘에 닿아
水天이 한빛인데

그 위에 흰 돛 그림자
오감을 모를레라만

이윽고 섬 보듬고 사라질제
가는 밴가 하여라

○

五月이라 뒷동산에
뻐국새 우는 밤은

촛불도 서러운 양
눈물로 녹는고야

젊어서 봄밤 새우기란

죽기보다 아파라.

窓

『窓』, 1997.

사람마다 눈이 있듯이
집집마다 窓이 있다.

눈이 마음의 窓이라면
窓은 집의 눈인가—

고요한 밤 멀리 외로히 비취는 窓불은
그대의 눈처럼 幸福하다.

(1934.12)

못보고 가면서 — 玄庵에게

『窓』, 1997.

바람엔가 휘휘불려 예까지 왔소이다
구름처럼 둥둥떠서 게까지 가오이다
자네야 만나나 미니 마음이나 해두소.

오기만 하기에도 이렇듯이 서럽거든
가기란 오죽한가 가면 언제 오는 겐가
못 보고 자네 못 보고 가면서가 더 슬퍼.

오명 가명 하는 것이 모두가 부질없다
바람처럼 휘휘불려 구름처럼 둥둥떠서
가내야 나는 가내야 자네 못 보고 나는 가.

海邊에서

『窓』, 1997.

바다는 차라리
조그만
동그란 접시

손가락 위에 올려 놓으면
뱅뱅 돌상 싶다.

모래와 조개 껍질과
바람과 공기와
햇살과….

이렇게 모두
반짝이는데

白馬같은 흰구름에
목말을 타고

뭉게 뭉게

생각은 멀고 아득하다.

(1958.4 於靈光)

山寺

『窓』, 1997.

張明燈은 부서진채
조촐히 쓸어 놓은
하얀 마당에
풀꽃이 붉게 타고

層階를 올라
발돋움 하면
바다가 넘어다 보이는
여기는 山寺.

柚子처럼 익어가는 저녁 별이
반나마 비낀 法堂－

西域 天竺은 멀고 먼데
부처님은 빙그레
三千年을 웃으신다.

追憶

『窓』, 1997.

己未萬歲 부르던 해
함박눈 오는 어느 밤

「캬츄사 내 사랑아
이별하기 서러워라」

부르며 가르키며 울던
그는 어디메로 흘러갔나.

四溫卽景

『窓』, 1997.

햇볕이 흰 눈위에
유난히 반짝인다.

낙숫물이 지우는 소리
여기저기 수선한데

닭들은 어정 어정 모이며
다순 데로 서더라.

五月 都市點景

『窓』, 1997.

1.

아이스크림 먹기는 좀
선선하고
검정 써-지 저고리는 좀
훈더위
흰 양말 흰 구두 신은 성급한
아가씨!
아직은 발목도 좀 시려우리다.

2.

방울소리 흔들리자 -
夕刊 기름냄새 핑기우고
郊外-工場 煙突우에
바늘 휘여논 듯 초사흘 달이 걸리고

3.

어느 틈에 비는 촉촉이 내려
- 젖은 페이브먼트 우를

퍼런 불 빨간 불 미끄러져 흐늑이며
풋과일 냄새 품은 밤 바람이
어데론지 불려오거니.

(1932)

明滅

『窓』, 1997.

저녁 들 나즉히
유달리 빛나는 별 하나

무엇이 그립는고!
무엇이 못 잊히는고!

온 밤 새도록
이 세상을 향하야

돋아났다—사라졌다
깜박 깜박 깜박였다!

送春哀詞

『窓』, 1997.

三春은 긴 듯
짧기도 해라.

벚꽃 휘날리는
저녁 어스름

두견이도 저 산에
목메는데

실같은 근심이
가슴에 서려

헝쿨 멍쿨
풀 수도 없고

三春은 긴 듯
짧기도 해라.

바다에서

『窓』, 1997.

저 멀리 水平線은 西으로 아득하다.

쌓이고
쌓인 歲月이
그립고 새롭구니

아마나
부처님도 저리로
건너 오셨으려니….

○

아 아
이 圓形의
不連續의 連續이여!

白日은 한갓
궁금기에 쉬임이 없을지어나

티끌로— 다만 한낱 티끌로
몸이 생각키누나.

○

어쩌면 이렇게도
不變하온 反覆이뇨?

부딪쳤다—
물러갔다—
千年도 아까로구나.

눈앞에
여기 가장 이 오랜 姿勢여!
물결이여!

(1957)

비 맞은 六月

『窓』, 1997.

薰한 바람이 불어
옷깃에 휘감기면

旅愁는 비에 젖은
나래를 펄럭여도

푸드득
날아 갈 곳 없는
몸인데야 어쩌리!

○

映畵보고 돌아가는 길
비는 와서 비는 와서
빌딩 圓柱 밑에
거지처럼 섰노라니

아까참

스크린 스크린 신이
눈오듯 스쳐 간다.

○

풋과일 냄새 품은
물바람 후줄근히

비 맞은 六月이 쉬
샐 것 같은 짧은 밤인데

어디서
구구…
비들기 알는 소리가 난다.

江邊月夜

『窓』, 1997.

물새 한 마리
소리도 없는
江邊 月夜.

모래 위에
그적거리는 것이
意味가 있는 것이냐?

삶과 죽음 사이
이 하늘 아래
내가 어쩌자는 것이냐?

발 뻗고 울고 싶은
江邊 月夜.

후줄근한 江 바람….
저 달 永遠의 盈虛

발 뻗고 울고 싶은

江邊 月夜.

(1960년 7월 於靈光)

楊柳靑靑

『窓』, 1997.

버들가지를 비틀어
피리는 부는 뜻은

벅차는 젊은 피를
어쩌지 못함이어니

피리여! 목이라도 쉬라
시원치도 않해라.

○

수양버들 휘늘어져
실실이 처져만 지고

물레방아 게으름에
봄은 더디만 가고

가슴 속에 헝클어진 근심은

내버리지도 못하고….

(1959.1.於靈光)

三冬抒情

『窓』, 1997.

예서
이 地點에서
한 無名 戰士 있어

쓰러졌던가―
붉게 붉게 忠魂처럼

한 송이
다만 한 송이
진달래가 피었다.

秘話

『窓』, 1997.

無數한 말을 흘리며
지내가는 세상이었만

가슴에 못 박히어
잊을래야 잊을 수 없는
한 마디 그 말씀

묘비로
무덤 위에 서리다.

戀戀

『窓』, 1997.

창 밖에 함박눈은
잉잉 바래를 치고

이글이글 숯불처럼
心臟은 익어만 가는데

밤이사 새지도 마라!
삶이사 하냥 기쁘다.

(1959년 1월 於靈光)

玉堂과 그대들과 自由와

『玉堂』 창간호, 1967.12.

1.

李朝封建殘滓와 日本帝國主義暴惡과

六 · 二五 傀儡南侵의 蠻行으로

거칠고 헝클어진 國土는

山河 – 제 자리에 있지 않고

사납고 굶주린 이리떼 앞에

오순도순 連綿四千年의 겨레

어지러이 몰려다니는 洋떼 되어

戰慄과 恐怖에 흐느끼며 어찌 할 줄을 모르더니

2.

龜列진 大地－焮土위에도

파릇 파릇 싹은 돋아났다.

그대들 배움의 道場에 움돋은 玉堂이여!

모든 自由를 잃고 앙상한 뼈다귀

그대들의 어버이에게도 滅치 않고 돋아난 싹

그대들이여!

3.

人性의 本然 그것은 自由.

自由없는 곳에 人間은 없다.

人間의 尊嚴, 그것은 오직 自由!

自由는 眞理의 根源, 自由 없는 곳에

眞理는 燈불을 끄고 어둡기만 하다.

4.

그대들은

眞理를 배우고 眞理를 찾는 무리

그러기에 그대들은 自由의 旗手!

그대들이 맛볼 수 있는, 만날 수 있는

참말 眞正한 自由는

네게 便利한 ― 내게 便利한 ― 그런 것이 아닌―

理論을 超越한 啓示처럼

肅然한 存在―

5.

西歐에서 밀려온 리버럴리즘에

우리들이 希求하는 一脈이 없는 것은 아니다.

그러나 길가에 돌멩이처럼

여기저기 데모와 슬로간에

眞正한 自由는 있기 어렵다.

6.

우리는 自由를 사랑하고 自由를 創造하는 겨레
世界 最初의 瞻星臺를 刻苦로 쌓아 올리고
天體와 星行을 測定하던
新羅의 自由!
集賢殿의 모든 智慧를 짜서
人類의 에스페란토(子母의 科學的인 點에서)
한글을 만든
世宗님의 自由!
戰艦에서 목숨으로 祖國을 守護한
忠武公의 自由!
뷔텐베르크寺院에 루터의 檄文과도 通하는
佛蘭西 革命을 익힌 루소 보르테르와도 通하는
게티즈버어그의 링컨과도 通하는
自由! 自由다.

7.

自由는 天下에 遍滿하다.
그러나 自由는 우리를 찾아오지는 않는다.
우리는 우리 人間의 權利로

그대들이―그대들의 祖上이 빼앗긴
그 尊嚴한 自由를 찾아와야 한다.
앗아와야 한다.
목숨을 걸고 自由를 지키자.

8.
저 蒼穹에 물결치는 自由의 깃발
그것은 그대들의
永遠한 비전!
그것은 그대들의
永遠한 시그날!

외투

『窓』, 1997.

유치원 갈 적마다
외투사자 조르더니
하루저녁 얻은 병에
어린 심장 그만 식단말가
늦은봄 너를 묻으러가며
외투생각 눈물일다

대보름달

『窓』, 1997.

아이들 새옷 달라

조르다가 해가져서

어느듯 동창으로

대보름 달이 크다.

인해여 우리

새로운 마음으로 금년 살아 가세나

왜놈

『窓』, 1997.

왜놈 간뒤에
왜놈을 만드르라니
시조 제목도
우습고도 우습고야
아마도 원숭에
옷걸치면 왜놈될가 하노라

忠魂塔

『窓』, 1997.

맑은 눈
감지 못한 넋들
아! 겨레들

잡초 맺힌 골에
새빛 이제 비치나니

탑 위에 새긴 뜻 살펴
고이 잠 이루소서

영광민립중교가

『영광의 노래와 글모음』, 1991.

해방된 첫 아침 군민 13만
한마음 한뜻으로 얼키고 뭉쳐
대영광 한복판에 터를 닦으니
장하다 굳세다 우리의 학우
정의와 자유의 깃발을
구원의 창공에 날린다
우리들의 중학 영광중학
우리 영광 민립 고등중학교

—1946—

영광민립여중교가

『영광의 노래와 글모음』, 1991.

이강산에 자유종 울려오던날
어둠의 낡은 옷을 벗어버리고
햇빛을 떠받으며 터닦는 우리
무궁화 복판에 비추우리
여성해방의 횃불을 들고
빛나거라 아름다운 우리 모교

—1946—

영광여고교가

『영광의 노래와 글모음』, 1991.

관람산 기슭에 터를 잡아
이룩한 우리모교 거룩하여라
낮이면 해처럼 밤이면 별처럼
길이길이 빛내리 영광여고

행복되게 뽑힌 겨레의 딸들
아름다운 동산에 한테뭉쳐서
지혜의 덕을 쌓고 몸을 튼튼히
쉬지 않고 배움이 자랑스러라.

2

산문

榮譽의 죽엄

『동아일보』, 1926.7.2

◇ 無限한 空間을 通하야 無限한 時間上에 極小한 一部分을 占領한 것이 人生의 生이라 할 것이다 그러면 우리는 永遠토록 生命을 維持하지 못할 것은 定한 理致이다.

그러면 우리에게는 結局 죽엄이라는 것이 오고야말것이다. 쏘는 죽지 안코는 안될 運命을 누구나 가지고 잇다

이리하야 終局은 쓸쓸한 靑山에 흙두줌으로 變하여 涅槃의 寂寞을 免치 못할 것이다.

◇ 그러면 우리는 人生에게 不無할 죽엄에 對하야 생각지 아니치 못할 것이다

一生을 一日三食에 孜孜하다가 無意味하게 世上을 지나다가 老病으로 呻吟하다가 單間房 아렛목에서 죽는다는 것은 너머나 哀惜한 일이다

◇ 우리는 엇더한 죽엄을要求하는가 社會를 爲하야 또는 人類를 爲하여 努力하는 곳에서 우리의 뜻있는 죽엄은 나타날 것이다. 榮譽의 죽엄은 이리하야 到達할 것이다

社會를 爲하야 人類를 위하야 피를 흘니며 살을찍기면서도 오히려 屈치 안는 그런굿굿한 意志로 싸오다가 죽는다면 그얼마나 榮譽스러운 죽엄이리힐가

◇ 그러기에 聖人이라는 이들의 죽엄이 오히려 남어잇고 蒸氣機關이 世界를 網羅하야 모라 다니는 곳에는 '왓트'의 죽엄이 爀爀히 빗나고 잇다

우리는 이러한 죽엄을 要求할 것이요 또는 人生의 最善은 이 榮譽의 죽엄을 向하야 求할 것이다.

(瑞麟洞)

머리말

『정주연학회보』 1권 2호, 1945.12.15

○ 文化의 埠頭라는 말이 成立할 수 있다면 우리는 거기서 '열치기 제기용' 일하는 일꾼, 우리의 文化를 海外에 海外의 文化를 우리에게 실어 나드리는 일꾼이 되고 싶다.

○ 完全獨立을 앞두고 世界解放을 앞두고 冬至를 앞두고 잠간 찡그린 하늘 空谷의 蛩音을 듣는 듯 옷깃을 여미고 肅然히 省察할 때가왔다

○ 地動說을 黜殺하려고 로마法王이 떼를 써보았자 地球는 依然이 돌았다.

眞理의 探究. 이것이 우리의 全部다. 배우고 알고 행동하자.

忠魂塔銘

『窓』, 1997.

8·15解放, 그 벅찬 기쁨도 순간 暴惡無道한 共産侵略으로 국토와 민족이 일찍이 巢卵의 危機에 휘말리니 마침내 民族正氣는 遼遠의 불길처럼 타올라 國亂克服에 軍警民이 一體가 되어 敢然히 겨레를 위해 몸바치신 그 높고 忠誠된 精神을 어찌 잊으리오.

여기에 우리 郡民이 뜻을 모아 疏拙하나마 정성껏 이 塔을 建立함은 殉國英雄들의 거룩한 얼을 길이 빛나게 하고 우리에게 그 참된 護國精神을 늘 깨닫게 하는 聖塔으로 삼으려 함이다.

酩酊無愁記

『窓』, 1997.

아침에 잠을 깨고 나면 "또 엊저녁에 정신없이 술자시드먼" "아빠 또 술 먹었어?"

아내로부터 여섯살 난 어린 자식까지 '또' '또' 連發하며 술에 상을 찌프려 질색이다.

가족뿐 아니라 아는 '크리스챤' 친구들 만나 술 먹는 이야기를 하면 무슨 독약이나 마시는 것처럼 질겁을 한다. 세상에서 흔히 '술쟁이' '주정뱅이'하여 '아편쟁이' 노름꾼과 同列의 不名譽스러운 稱呼로 부르는 것이 상투다.

도대체 이토록 싫어하는 술을 안 마시는 날보다 마시는 날이 많으니 어쩌자는 셈인지 내 자신도 모를 일이다.

眞否는 알 수 없으나 2次大戰前 蘇日不可侵 條約을 맺을 때 '스타린'과 '마쓰오까'가 乾杯를 나누는데 '마스오까'에게는 强度의 露酒 '웟카'를 勸하고 '스타-린' 自身은 弱한 것을 마시면서 '마스오까' 에게 快哉를 連呼케하여 蘇聯이 有利한 條約을 締結했다는 이야기가 있나. 黨을 위해서는 24時間 服務라는 共産黨들도 술은 必要한 모양이니 世界에 술 없는 나라는 없으리라.

世界 中에 술이 있으므로써 나도 마시게 되며 즐겨하는 모양이다.

왜? 술을 마시는 것인가? 내 자신이 한번 反問해 보면 政治家도

詩人도 아닌 — 아무 것도 아닌 것이 그저 마실 뿐이라 딱한 일이다. 술 먹는 친구와 만나기만 하면 서로 털어 한잔 마신다. 一杯復一杯가 醉하게 된다.

그리하여 前後 不覺狀態이어서 이튿날 아침을 맞는 것이 常例이니 딱하지 않는가 말이다.

아닌게 아니라 술도 酒仙 靑蓮居士처럼 「天子呼來不上船」의 豪膽한 氣勢며 帝王의 權勢로도 어지 할 수 없는 境界까지 이른다면 한번 醉할만도 한 것이고 「醉酊40年 無類失態記」를 써서 洛陽의 紙價를 높인 우리 卞樹州先生 같으면야 오직 장한 일이냐? 술을 마신 副産物이 돈이 된다니 天下壯觀이 아닐 수 없다.

常識을 좀 벗어나기 위하여 술을 마신데도 生來 녹녹한 性品인지라 半토막의 '애피쏘드'하나 없이 그저 터진 입으로 주책없이 마시는 재주(?)밖에 없으니 슬픈醉酊이 아닐 수 없다. 내 自身 自演의 '애피쏘드'하나 없음으로 故鄕에서 醉酊實話 한토막을 紹介하면, 밤중에 술에 취해 걸어 가다가 小便이 마려워서 평소 기억해 두었던 길가 공동변소까지 바삐 좇아가서 바지를 내려 버렸다. 변소라고 섰던 곳은 한집의 착오로 옆 남의 住宅의 길가로 난 窓문턱이었다. 때마침 夏節이라 문턱을 배고 누웠던 집 主人의 얼굴에 박연 아닌 小便폭포가 直下를 하는 것이었다.

主人이 잠결에 大驚失心怒呼하며 日 "거 어느 놈이 남의 집 방에다 오줌을 싸는거야?"

醉漢放尿를 畢한 후 유유히 바지를 추켜올리면서 '변소에 누었던

것이 누가 醉했군!'

傍觀人이 없는 지라 자넌 사람을 醉한 것으로 해두자는 것이다.

나는 왜? 술을 마시는 것인가? 그 理由를 억지로 한번 探索해 본다.

오오! 이것이다. 靑春의 再現!

나이 半百에 한 잔 한 잔 마시노라면 幾何級數的으로 醉度는 上昇한다. 昏懜해진다. 어렴풋이 떠오르는 靑春時節! 그러기에 이럴 때면 平素에는 白髮이 쑥스러워 입 밖에도 내지 못하던 젊어서 부르던 노래를 중얼거리며 어두운 담모퉁이로 돌아가는 것이다.

아닌게 아니라 술도 젊어서 靑春에 마시는 것이 아름답다. 늙은이란 취해가지고 비틀 걸음하는 것조차 보기에 醜하다. '샴펜' 방울 튀듯 톡톡 튀는 범람한 靑春이 모인 자리란 談論調達 多小醉興이 狼籍할지라도 暴風에 쓰러진 花園처럼 아름다운 향기로운 무엇이 있다.

그러기에 지금도 나는 旣定 '코스'를 가는 馬車 발처럼 걸어가는 40이상 친구들보다 冒險을 常事로 아는 젊은 30代 친구들과 기꺼히 酒席을 같이 하는 수가 많다.

'아라비아'沙漠 神秘스러운 中世紀的 音樂소리를 들으며 HALEM에서 마시는 장밋빛 붉은 美酒한잔 구경 못하고 '알콜'인지 술인지 구별조차 할 수 없는 三等酒도 못되는 等外酒類로만 醉酊20年쯤되니 胃腸도 웬만치 疲廢했으리니 술도 그만 저만 정침할 때가 되었으련만 또 술마시는 친구를 만나려면 마시게 되어 어쩔 수 없는 일인가.

却說

'酒國王無愁'라는 詩句가 있다. 술나라에는 술 잘먹는 놈이 王일

긴데 오늘이라도 벚꽃 휘날리며 노을진 夕陽에 내 어느 선술집에 술나 라의 王이되어 스스로 無愁하리라……

(4월 20일, 무등도서관에서)

子夜囈語

『창』, 1997.

狂人과 天才는 毫氂之差라 한다.

沙羅一丈이었만 그 안팎의 差도 千里之外의 感이 없지 않다.

前後 窓을 훨신 열어 놓고 淸風에 하늑이는 紗羅蚊帳을 높즉히 매달아 淸風에 살랑살랑 날리며 綾羅·枕에 몸을 휘감어 은은한 달그림자에 비취일 때의 ―그러한 사람에게는 夏夜의 淸薪味란 到底히 秋日霜夜 冬嶺雪景에 비길 것이 아니니라.

― 蚊帳 밖에서 앵앵거리는 모기의 소리도 때로는 夏夜의 한 風致로도 드를 것이요 絃董에서 새어나오는 音樂으로도 드를는지 모른다. 그리고 모기에 대한 嘲笑와 憐憫을 느끼기도 할 것이다. 草葉에 슷돌거리는 虫聞芹田에 느러진 蛙聲은 모도가 여름의 그윽한 情景일 것이다.

― 그러나 이러한 사람은 어떨까. 가뜩이나 더운 時節이어서 문을 아니 열고는 잘 수 없고 문을 열자니 蚊軍의 來襲이 무섭다. 그러나 呼吸이 壓着되는 이 찌는 더위라 얻쩔 수 없이 눈을 연다. 열자말자 모기의 소리는 앵앵 거리며 耳邊에 喧囂한다.

― 이러한 사람에게는 蚊鬪의 憎惡가 머리 끝까지 치민다. 저녁에 잠을 못잔다. 蚊帳 생각이 꿀 같으나 돈이 없다. 여름은 가장 生活하기 困窮한 時節이다.

— 紗羅一丈의 內外에 千里之差의 感이 없지 않다. 나도 蚊軍의 來侵에 몇 번 자려든 잠을 깨고 다리를 긁고 뺨에 붙은 모기를 처날리고 하다가 必景 잠자기를 斷念하고 이 글을 쓴다.

— 잠을 집어치고 앉았으니 때는 子夜 西傾月 百虫의 鳴咽 露草螢光의 明滅 蚊帳 없어 잠못자는 이러한 사람에게도 이 밤의 大自然이 제법 法悅을 느끼게 한다. 紗羅一丈의 內外에 千里의 差의 感이 없지 않구나.

용솟음치던 義憤 – 三一운동의 회고 / 소년이 보고 느낀 그때

『창』, 1997.

그때 나는 여나무살 먹은 少年이엇다. 萬歲를 부른다는 소식을 듣고 우리들은 거리로 나왔다. 우리고을 指導者들은 人力車를 타고 群衆환호속에서 警察署 앞으로 肉迫했다. 山川이 으근으근 하는 『大韓獨立萬歲!』소리 警察署를 包圍할 氣勢를 보인 群衆들을 무서워 日帝官憲들은 銃劍을 휘두르고 當時 郡守이던 韓人 某者가 鎭壓하라는 演說을 했다. 그러나 九泉에 사무치는 正義의 소리가 막아질 理가 萬無하였다. 萬歲소리는 더욱더욱 衝天의 氣勢였다. 公約三條에도 있듯이 暴力에 호소하지 않는 그날 해가졌다. 해가 지자 그날 밤부터 日兵의 銃劍은 번쩍이기 시작했다. 멋모르고 밤에 길에 나갔다가 日兵의 檢問에 걸려 피투성이가 된 동내 사람들이 여기저기 생겼다.

이날 그때의 指導者들은 모두 警察署로 붙들려 가고 一部先輩들은 海外로 亡命했었다. 서울 因山 구경 갔다가 塔골 公園에서 萬歲부른 것까지 보고 온 이들의 이야기—上海신 臨時政府가 樹立된 이야기—巴里講和會議이야기 등등으로 소년의 가슴은 새가슴 뛰듯이 펄떡이었다. 이때부터 싹튼 自主獨立 民族魂은 先輩들에게 愛國歌 勸學歌…

(이하 원문 훼손)

조의현 작품 연보

장르	작품	발표지	발표날짜
시조	挽留	『동아일보』	1926.02.12
시조	田園의 봄	『동아일보』	1926.06.08
시조	迎春驪歌	『조선일보』	1928.02.07
시조	觸感錄	『중외일보』	1928.05.24
시조	法聖浦 風物詩	『동아일보』	1929.11.09
시조	斷腸映湖畔	『동아일보』	1929.11.17
시조	續法聖浦 風物詩 (1)	『동아일보』	1929.11.19
시조	續法聖浦 風物詩 (2)	『동아일보』	1929.11.20
시조	슬픈印	『동아일보』	1929.11.28
시조	小搖	『동아일보』	1929.11.30
시조	民謠하나	『동아일보』	1930.02.01
시조	바다가에서	『동아일보』	1930.11.26
시조	山村夜話	『동아일보』	1930.11.27
시조	杜鵑새울은자최	『동아일보』	1930.11.30
시조	偶作	『동아일보』	1931.01.22
시조	春日斷章	『동아일보』	1931.06.07
시조	回想 五月歌	『조선일보』	1931.08.10
시조	近江琵琶湖吟 (1)	『동아일보』	1931.08.15
시조	近江琵琶湖吟 (2)	『동아일보』	1931.08.16
시조	近江琵琶湖吟 (3)	『동아일보』	1931.08.18
시조	近江琵琶湖吟 (4)	『동아일보』	1931.08.19
시조	七月에 가을생각	『東光』 34호	1932.06.
시조	우리나라하늘	『정주연학회보』 1권 2호	1945.12.15
시조	秘苑悲愁	『窓』	1997.
시조	不孝之章	『窓』	1997.

장르	작품	발표지	발표날짜
시조	別離	『窓』	1997.
시조	仙雲寺 晩春	『窓』	1997.
시조	紅葉	『窓』	1997.
시조	流星	『窓』	1997.
시조	별을 노래함	『窓』	1997.
시조	軟綠抒情	『窓』	1997.
시조	窓	『窓』	1997.
시조	못보고 가면서 — 玄庵에게	『窓』	1997.
시조	海邊에서	『窓』	1997.
시조	山寺	『窓』	1997.
시조	追憶	『窓』	1997.
시조	四溫卽景	『窓』	1997.
시조	五月 都市點景	『窓』	1997.
시조	明滅	『窓』	1997.
시조	送春哀詞	『窓』	1997.
시조	바다에서	『窓』	1997.
시조	비 맞은 六月	『窓』	1997.
시조	江邊月夜	『窓』	1997.
시조	楊柳靑靑	『窓』	1997.
시조	三冬抒情	『窓』	1997.
시조	秘話	『窓』	1997.
시조	戀戀	『窓』	1997.
시조	玉堂과 그대들과 自由와	『玉堂』 창간호	1967.01.20
시조	외투	『窓』	1997.
시조	대보름달	『窓』	1997.
시조	왜놈	『窓』	1997.
시조	忠魂塔	『窓』	1997.
가사	영광민립중교가	『영광의 노래와 글 모음』	1991.
가사	영광민립여중교가	『영광의 노래와 글 모음』	1991.
가사	영광여고교가	『영광의 노래와 글 모음』	1991.

장르	작품	발표지	발표날짜
산문	榮譽의 죽엄	동아일보	1926.07.02
산문	머리말	『정주연학회보』 1권 2호	1945.12.15
산문	忠魂塔銘	『窓』	1997.
산문	酩酊無愁記	『窓』	1997.
산문	子夜囈語	『窓』	1997.
산문	~~용솟음~~치던 義憤	『窓』	1997.

조의현 생애 연보

1907년 2월 4일	전남 영광군 영광읍 백학리 25번지에서 조희양(曺喜陽)과 모 울산 김씨 사이에서 셋째로 태어남
1925년 4월	서울 중앙고보 입학
1930년 3월	서울 중앙고보 졸업
1930년 3월	일본 릿교대학[立教大學] 영문학과 입학
1931년	부친 조희양의 사망으로 학업 중단하고 일시 귀향
1935년	부인 김예균과 결혼 후 일본으로 건너가 학업을 재개, 릿교대학[立教大學] 영문학과 졸업 후 도시샤대학[同志社大學] 경제학과 입학
1939년	장녀 조민순 출생
1939년 3월	일본 도시샤대학[同志社大學] 경제학과 졸업
1940년	장남 조영표 출생
1943년	차녀 조민옥 출생
1945년 9월 1일	조운이 주도한 영광민립중학교 설립운동을 주도한 '정주연학회' 결성에 참여함
1945년 12월 1일	박목월이 영광에 와서 조운, 조남령, 정종 등과 자정을 넘기면서 예술론 등으로 이야기꽃을 피움
1946년 7월 11일	민립여자고등중학교 교장으로 취임
1947년 11월 22일	민립여자고등중학교 교장 사임

1948년 삼녀 조마새 출생

1950년 차남 조마노 출생

1955년 삼남 조마하 출생

1959년 사남 조마해 출생

1968년 1월 20일 『옥당』 창간호(영광중고등학교 발행)에 「옥당과 그대들과 자유와」를 발표

1973년 9월 27일~10월 9일 영광군 농협 지하 '하얀다실'에서 시화전 개최

1985년 2월 17일 작고

1990년 부인 김예균 사망

1997년 영광향토문화연구회에서 유고집 『창』(세종출판사)을 발간함

『조의현 문학 전집』 해설

민족의식의 형상화와 비탄의 시

이동순

시인 조의현(曺宜鉉)의 호는 초정(草情)이다. 그는 1907년 2월 4일 전남 영광읍 백학리 25번지에서 조희양(曺喜陽)과 울산 김씨 사이에서 셋째로 태어났다. 그리고 슬하에 4남 3녀를 두었다. 그는 문학사에 알려지지 않은 시인이다. 다만 일제하 민족운동이 활발하게 전개되었던 전남 영광지역의 특수한 문화적 경험과 분위기들을 온몸으로 습득하며 성장한 덕분에 영광지역에서는 시인 조운의 영향을 많이 받은 시인으로 기억되고 있다. 때문에 그에 대해서는 영광에서 함께 했던 이들의 회고는 인간적인 교류를 중심으로 한 몇 편의 글로 시인의 위치를 확보하고 있을 뿐 그의 작품에 대한 연구는 거의 전무하다. 영광향토문화연구회에서 낸 유고집 『창』도 사후에 나온 것이

어서 작품에 대한 객관적인 자료를 확인하는데 어려움이 있었기 때문으로 보인다. 따라서 여기에서는 객관적인 자료를 중심으로 간단하게나마 그의 문학적 생애를 중심으로 문학적 성과를 정리해 보기로 한다.

조의현은 영광보통학교 재학 시절 영광의 삼일만세운동을 온몸으로 체험하면서 민족의식을 싹틔웠다. 「용솟음치던 義憤」에 잘 나타나 있는데 그의 성장과정에 많은 영향을 미쳤음을 알 수 있다.

> 그때 나는 여나무살 먹은 少年이엇다. 만세를 부른다는 소식을 듣고 우리들은 거리로 나왔다. 우리고을 지도자들은 인력차를 타고 군중환호 속에서 경찰서 앞으로 육박했다. 산천이 으근으근 하는 "대한독립만세!" 소리 경찰서를 포위할 기세를 보인 군중들을 무서워 일제관헌들은 총검을 휘두르고 당시 군수이던 한인 모자가 진압하라는 연설을 했다. 그러나 구천에 사무치는 정의의 소리가 막아질 리가 만무하였다. 만세소리는 더 욱더욱 형천의 기세였다. 공약삼조에도 있듯이 폭력에 호소하지 않는 그날 해가졌다. 해가 지자 그날 밤부터 일병의 총검은 번쩍이기 시작했다. 멋모르고 밤에 길에 나갔다가 일병의 검문에 걸려 피투성이가 된 동내 사람들이 여기저기 생겼다.
>
> 이날 그때의 지도자들은 모두 경찰서로 붙들려 가고 일부선배들은 해외로 망명했었다. 서울 인산 구경 갔다가 탑골 공원에서 만세부른 것까지 보고 온 이들의 이야기 — 상해선 임시정부가 수립된 이야기 — 파리강화회의이야기 등등으로 소년의 가슴은 새가슴 뛰듯이 펄떡이었다.

어린 소년이 목도한 영광의 삼일만세운동은 그의 가슴을 '새가슴 뛰듯이 펄떡'이게 한 사건이 되었다. 영광의 삼일만세운동은 조철현, 조병현, 위계후, 조운, 조장현 등의 지도자들과 영광보통학교 교사들과 학생들, 주민들이 함께한 항일운동으로, 그에게는 영광의 지도자들이 각인된 첫 사건이며 민족의식을 갖게 한 동기가 되었다. 여기저기서 '피투성이가 된 동내 사람들'을 보았고, '지도자들은 모두 경찰서로 붙들려 가고 일부선배들은 해외로 망명'하여 독립운동을 전개한다는 것도 들었다. 그랬기 때문에 민족의식을 키워나갈 수 있었다.그가 중앙고보 시절에 쓴 「영예의 죽엄」(『동아일보』,1926.7.2)에는 '어떻게 죽을 것인가'에 대한 고뇌가 담겨있다. 민족의식을 갖고 있지 않으면 쓸 수 없는 '죽음'의 의미는 이러하다.

> 우리는 엇더한 죽엄을 요구하는가 사회를 위하야 또는 인류를 위하여 노력하는 곳에서 우리의 뜻있는 죽엄은 나타날 것이다. 영예의 죽엄은 이리하야 도달할 것이다
>
> 사회를 위하야 인류를 위하야 피를 흘니며 살을 찍기면서도 오히려 굴노치 안는 그런 굿굿한 의지로 싸오다가 죽는다면 그 얼마나 영예스러운 죽엄이라할가
>
> 그러기에 성인이라는 이들의 죽엄이 오히려 넘어잇고 죽기기낀이 세계를 망라히아 보라 다니는 곳에는 '왓트'의 죽엄이 혁혁히 빗나고 잇다
>
> 우리는 이러한 죽엄을 요구할 것이요 또는 인생의 최선은 이 영예의 죽엄을 향하야 구할 것이다.

어떤 죽음을 맞이할 것인가를 묻고 성찰한 다음에 죽음은 '사회를 위하야 또는 인류를 위하여 노력하는 곳에서 우리의 뜻있는 죽엄'이어야 하며, '피를 흘니며 살을 찍기면서도 오히려 굴노치 안는 그런 굿굿한 의지로 싸오다가' 죽는 '영예로운 죽음'을 선택한다. 그가 영광의 삼일만세운동을 통해 체득한 결과가 민족의식이 확고한 청년으로 성장한 후 '영예로운 죽음'을 선택해야 한다는 의지를 갖게 했다고 볼 수 있다. '영예로운 죽음'은 조국의 독립을 위해 투신하겠다고 선언한 것에 다름 아니다. 이렇게 공식적으로 민족의식을 드러낸 그는 그보다 앞서 『동아일보』에 시를 발표하여 이름을 알렸다. 1926년 2월 12일 『동아일보』에 「挽留」를 발표한 것이다.

기왕부어논술이니
한盞만더잡으시오
예서南浦가
百里요半六十里
하로길이남는줄을
내모름이안이지만

—「만류」 전문

시조 「만류」를 뽑은 사람은 춘원 이광수였다. 이광수는 이 작품에 대하여 "시조의 기체다 한시적 시조적 구상법이라고 할가"라는 평을 붙였다. 시조의 형태를 띠고 있되 한시의 구조를 띠고 있는 시조로

평가한 것이다. 시조가 한시로부터 분화한 것이니(이에 대해 많은 이견이 있지만) 당연한 평가지만 구조적인 안정성을 높게 평가한 것이라고 볼 수 있다. 작품의 구조에서뿐만 아니라 주제를 드러내는데 효과적인 시상을 전개하였다. 초장에서 술을 한 잔 더 권하고, 중장에서는 술자리에 함께 하고 있는 이가 가야할 거리를 언술한 다음, 종장에서는 거리가 결코 가깝지 않다는 것을 잘 알고 있다고 맺는다. 이는 가야할 길이 먼 줄 알지만 그래도 한 잔 더하고 가라는 일반적인 구성인 법을 따르지 않은 것이다. 그래서 만류하는 장면은 더 선명하게 부각된다. 그렇기 때문에 이광수는 이 시조를 '시조의 기체'라고 한 것이다. 이 작품에 이어서 발표한 작품은 「田園의 봄」(『동아일보』, 1926.6.8)이다.

터전의장다리꼿에는
나비의춤이느리고
울타리밋헤쌍을파고
옹송그리고안젓는
암탉의품자리에는
병아리의쑴이깃튼데
목청을길게쌔여우는
장닭의소리에
낫거운봄날은길더라

—「田園의 봄」 전문

봄의 정취를 잘 살려낸 시조다. 장다리꽃에 앉은 나비의 날개짓, 울타리 밑에 앉아 있는 암탉의 품에 안겨 있는 병아리들, 목청을 빼고 우는 장닭의 소리는 흔히 볼 수 있었던 봄날의 풍경이다. 그런데 '낫겨운 봄날은 길더라'는 구절로 관념적으로 알고 있는 '짧은 봄'과는 다른 의미를 획득하는데 이것을 단적으로 말하면 '우리의 봄은 길다'로 해석된다. 이 '긴 봄'은 우리는 우리의 봄을 빼앗기기 않겠다는 의미라고 할 수 있다. 서정을 노래한 듯하나 거기에 투철한 민족의식이 담겨있다. 그가 방학이면 영광에서 펼친 활동은 그것의 연장이었다. 1928년 8월 20일 전남 영광의 재외영광유학생회 임원으로 군내 순회강연대를 조직하고 대원들을 인솔하여 불갑과 군남에서 강연[1]을 하는가 하면 그 다음해인 1929년 제2회 정기총회에서도 임원으로 활동하면서 영광개인정구대회 개최, 하기웅변대회 개최, 남량음학회 개최를 논의[2]하는 등 재외 영광유학생회 활동에 열심이었다는 것에서 확인된다. 유학의 경험과 배운 지식을 지역민들과 지역 학생들과 공유한 것은 또 다른 민족운동이었다.

그런 가운데도 지속적으로 지상에 작품을 발표했다. 『조선일보』에 발표한 「迎春驅歌」에는 독립을 바라는 희망찬 목소리가 담겨있다.

이 어두운 섣달 그믐날 밤에
손수 밤길을 걸으사

1 『동아일보』, 1928.8.20.
2 『동아일보』, 1929.7.30.

地軸을 울리며
뚜벅 뚜벅 오신다.

그 억세인 鐵脚으로
어격되격 大地를 뒤로차고
그 억세인 鐵腕으로
大초롱을 높이들고
앞으로 앞으로
戊辰의 새해(新年)님이
뚜벅 뚜벅 오신다.

뛰는 가슴 불붙은 마음을
손으로 억제하며
발을 문턱 밖으로 내놓았다!
들여 놓았다!
初更부터 三更까지 기다립네

어서 어서 오십사
어서 어서 오십사.
첫닭이 울었네
첫닭이 울었네.
東天이 밝아온다

東天이 밝아온다.

燭光이 雪光처럼 亂射하네
내 누이 兄弟들 밝히시랴

저처럼 바쁘신가
저처럼 억세신가
누이야 兄弟야 나와서 맞으라.
우리가 기다리는
世界를 밝히랴는
불빛이 온단다.

—「영춘구가」 전문

이 시조는 '어두운 선달 그믐날 밤'은 일제 치하를, '손수 밤길을 걸'어 '뚜벅 뚜벅 오'시는 '새해'는 조국의 독립을 상징하고 있다. 그래서 오시는 '새해'를 맞이하려니 '뛰는 가슴 불붙은 마음'이 된다. 그리고 '첫닭이 운다'는 것을 통해 독립이 멀지 않았음을 강조하고, '누이야 형제야 나와서 맞으라. / 우리가 기다리는 / 세계를 밝히랴는 / 불빛이 온단다.'를 통해서는 광복을 확신하고 있다. 어린 시절 영광의 삼일만세운동을 목도하고 가슴이 '새가슴 뛰듯이 펄떡'였던 그는 독립에 대한 희망만으로 가슴이 뛰었던 것이다. 그리고 그를 키운 고향을 노래하기에 이른다. 『동아일보』에 발표한 「法聖浦 風物

詩」(1929.11.9)가 그것이다.

仙津으로돌아가는배

오느냐 가느냐

오감을 모를네라만

섬보듣고 사라질제

가는배ㅡㄴ가하여라

後山에붉은丹楓

서리 서리 나릴스록

죽자코 붉은네맘

우리님께 들이과저

두어가지썩삼즉도하다만

鼎島로날아드는기럭이

映湖畔 가을소긱 傳하온지오래거든

무삼소식 물고왓나 어씨이리더듸옵네

기럭이두어를 點點히 썰어지니

봄바람에 불려간 임의 속식애닯이

侍郎村저녁에

낫겨운봄날 아스라진 개짓거늘

그속에 桃花園 잇슴즉도하다만

내끼인버들만 푸르럿다

漁村두어집이 그림가튼데

馬村惟志의 놀애가락

압놈이먹이면뒷놈이부르고

뒷놈이끄칠나압놈이되바더

홍담북드린움즉이는다리ㅅ장단

어지러운벅구소리漁村이요란하다

七山에고기잡이는

바다건너 나라ㅅ사람

란디물고 드러오나

봄바람二千里바다우에

傳說가튼저불이웬불

(故鄕에 잇는 두벗 W와 S에게)

—「法聖浦 風物詩」 전문

모두 6수로 구성된 이 시조는 영광의 법성포의 풍경을 읊은 것이다. '배'와 '단풍', '기럭이'와 '저녁풍경', 그리고 '어부의 노래'와 '고기잡이'를 각각의 수에 담아 섬세하게 묘사하고 있다. 조운의 시조 「법성포12경」과는 같으면서도 다르다. 고향의 풍경을 선명하게 이

미지화한 이후에도 「續法聖浦 風物詩」(『동아일보』, 1929.11.19)를 연재하면서 고향에 대한 애착을 심화확대 시켜나갔다. 그리고 일본으로 유학하여 릿교대학 영문학과를 마친 후 다시 도오샤대학 경제학과를 졸업한다. 그를 그토록 가슴 뛰게 했던 조국의 해방은 영광의 지도자들이 다시 모여 머리를 맞대고 희망의 불꽃을 쏘아 올리는 시간이었다. 1945년 영광의 지도자들은 '정주연학회'를 결성하여 영광의 민립중학교를 설립에 앞장섰고, 학교가 설립되어 민족교육을 시작하였다. 그때 쓴 시가 『정주연학회보』에 발표한 「우리나라하늘」이다.

아아 우리 나라 하늘이여
地中海의 그것보담 아름다운
우리 나라 하늘이여
까치 날고 수수 모개 무거운
우리 나라 가을 하늘이여

監獄에서 北滿에서 西獨에서
世界의 방방 곡곡에서
피투성이된 이나라의
先驅者들을 자애로 미지한
아름다운 하늘이여

인역이 깬 병아리면

모두 다 包容하려는

암탉의 부푸른 나래처럼

둥그스레 다스한 하늘이여

우리 나라 갠 가을 하늘이여

멀고 멀고 또 멀고

푸르고 푸르고 푸러

아아 깨끗하여라

아아 이 하늘 아래

질투가 없도다 시기가 없도다

우리동포 모조리 모아

이 아름다운 하늘 아래

병아리 처럼

서로 의지하고 사라지이다

(一九四五, 十二月九日)

—「우리나라하늘」 전문

해방의 감격을 읊은 작품에는 그가 바라는 나라, 바라는 세상이 담겨 있다. 그 나라는 '監獄에서 北滿에서 西獨에서 / 世界의 방방 곡곡에서 / 先驅者들을 자애로 마지'한 세상, 지중해보다 아름다운 하늘을 가진 나라다. 그 나라는 '질투'가 없고, '시기'가 없으며, 우리 동포가 모두 모여서 '서로 의지'하고 사는 나라다. 그러나 1946년 2월 19일 미군정은 영광인민위와 영광치안대를 해체하고, 민군정과 입장을 달리하는 이들에게는 가혹한 이데올로기 혐의를 씌우면서 시인 조운과 조남령은 영광을 떠나고 만다. 그에 따라 조의현도 1947년 11월 22일 민립고등중학교의 교장직을 사임하였다. 해방과 한국전쟁은 영광을 이데올로기의 시험대인양 서로가 서로를 향하여 가슴에 비수를 꽂았다.

그는 해방의 기쁨을 잠시 느꼈을 뿐, 이후의 생애는 술과 함께 한 고뇌의 시간이었다. 이에 그는 영원히 함께 할 수 없는 시인 조운, 조남령과 이별, 좌우 이데올로기의 대립에 침묵으로 일관했다. 그 사이에서 어느 쪽으로도 기울지 않도록 흔들림 없이 중심을 유지하면서 격동의 시간을 견디게 한 것은 술이었다. 그래서 술을 좋아한 것으로 유명하다. 「酩酊無愁記」에 "왜? 술을 마시는 것인가? 내 자신이 한번 反問해 보면 政治家도 詩人도 아닌 – 아무 것도 아닌 것이 그저 마실 뿐이라 딱한 일이다"고 한 것이다. 그는 술과 함께 추억을 더듬으며 시름을 달랬으리라.

己未萬歲 부르던 해
함박눈 오는 어느 밤

"카츄사 내 사랑아

이별하기 서러워라"

부르며 가르키며 울던
그는 어디메로 흘러갔나.

—「추억」 전문

어린 시절 시인 조운에게서 빌려 읽었다는 책이 '카츄사', 시인 조운이 그에게 미쳤을 정신적인 영향은 노래의 한 구절인 '이별하기 서러워라'를 통해서 드러나고, '부르며 가르키며 울던 / 그는 어디메로 흘러갔나'에 그를 향한 그리움을 담았다. 그는 월북한 조운을 그리워하면서도 남과 북의 이데올로기의 금기에 도전할 수 없었다. 남과 북으로 갈린 민족적 현실에 슬퍼할 수밖에 없었던 심정은 아래의 시에 잘 나타난다.

五百 歲月이 어지러이 지고 새고
蓮塘이 흐리터분, 물도 愁心인가
머흐린 구름도 가지않고 예서 머뭇거린다.

나라 없을 때는 임으로 여겼더니라
흘러간 李朝야 어떻든 南이요 北이라니
잎지는 古宮 뜰악에 새 설움이 또 하나.

—「秘苑悲愁」 전문

지나간 조선왕조의 역사는 그렇다 치더라도 나를 잃은 설움을 딛고 해방이 된 것도 잠시 민족이 남과 북으로 분단된 현실은 일제치하의 설움에 이은 또 하나의 설움이 되었다. '임'으로 여겼던 민족이 분단되었으니 그 비극적 심사를 '남이요 북이라니'로 표출하여 더 이상 말을 잇지 못한 것이다. 그 심정이 일제 치하에서 키웠던 그의 민족의식은 민족분단에 절망하지 않을 수 없었던 심사가 오롯하게 담겨있다. 그렇다고 희망을 노래하지 않은 것은 아니다. 『옥낭』 창간호에 발표한 「옥당과 그대들과 자유와」라는 시는 그가 견딘 시간과 그가 꿈꾸었던 이상, 그리고 학생들에게 거는 기대를 담았다.

2.

龜列진 大地－焾土위에도
파릇 파릇 싹은 돋아났다.
그대들 배움의 道場에 움돋은 玉堂이여!

모든 自由를 잃고 앙상한 뼈다귀
그대들의 어버이에게도 滅치 않고 돋아난 싹
그대들이여!

3.

人性의 本然 그것은 自由.
自由없는 곳에 人間은 없다.

人間의 尊嚴, 그것은 오직 自由!
自由는 眞理의 根源, 自由 없는 곳에
眞理는 燈불을 끄고 어둡기만 하다.

4.
그대들은
眞理를 배우고 眞理를 찾는 무리
그러기에 그대들은 自由의 旗手!
그대들이 맛볼 수 있는, 만날 수 있는
참말 眞正한 自由는
네게 便利한 – 내게 便利한 – 그런 것이 아닌–
理論을 超越한 啓示처럼
肅然한 存在–

—「옥당과 그대들과 자유와」 부분

그는 우선 학생들은 "모든 자유를 잃고 앙상한 뼈다귀 / 그대들의 어버이에게도 滅치 않고 돋아난 싹"으로, 민족의 희망이라는 사실을 부각한 뒤, 1960년대의 인간이 누릴 수 있는 자유를 박탈당한 사회를 "자유없는 곳에 인간은 없다. / 인간의 존엄, 그것은 오직 자유!" 임을 강조하였다. 그리고 자유는 '네게 변리한 – 내게 변리한 – 그런 것이 아닌– / 이론을 초월한 계시'로 인식하기를 바랐다. 학생들이 배움을 통해 어느 한쪽에 편향되지 않기를 원한 것이다. 그러므로 이 시는 좌익과 우익이라는 이름으로 이데올로기의 희생양이 되었던 영광의 많은 지식인들에 대한 안타까움과 사상과 표현의 자유가 없었던 시대의 표상으로 남은 그들에 대한 헌사이기도 하다. '자유'야말로 인간이 인간으로서 누릴 수 있는 천부적인 권리이다. 그럼에도 불구하고 현대사 속의 정치권력은 이분법의 논리로 인간을 재단해 이데올로기를 작동시켜 감시와 배제의 정치로 권력을 강화했던 역사를 조의현은 비판하면서 비판으로 끝내지 않고, "저 蒼穹에 물결치는 自由의 깃발 / 永遠한 비전! / 그것은 그대들의 / 永遠한 시그날!"로 강조하였다. 그가 교장에서 물러났지만 민족의 미래를 이끌 주역들에게는 무엇보다 자유가 주어지기를 바랐던 것이다. 그가 꿈꾼 것은 대립과 갈등이 없는 완전한 독립이었다. 『정주연학회보』 제1권 2호의 「머리말」은 그것을 잘 담고 있다. 결론으로 대신한다.

> 文化의 埠頭라는 말이 成立할 수 있다면 우리는 거기서 『열치기 제기용』 일하는 일꾼, 우리의 文化를 海外에 海外의 文化를 우리에게 실어나드리는 일꾼이 되고 싶다.
>
> 完全獨立을 앞두고 世界解放을 앞두고 冬至를 앞두고 잠간 찡그린 하늘 空谷의 跫音을 듣는 듯 옷깃을 여미고 肅然히 省察할 때가왔다
>
> 地動說을 黜殺하려고 로마法王이 떼를 써보았자 地球는 依然이 돌았다.
>
> 眞理의 探究. 이것이 우리의 全部다. 배우고 알고 행동하자.

이것으로 그의 문학적인 생애와 작품을 간략하게 살폈다. 이 전집에는 시조 46편과 산문 6편이 담겨있다. 유고집 『창』에서 밝히지 못한 것들을 상당 부분 밝혔기 때문에 객관적인 자료의 가치를 갖게 되었으니 본격적인 연구를 시작할 수 있으리라.